Traumhafte Baumhäuser

Alain Laurens Daniel Dufour Ghislain André

Traumhafte Baumhäuser

Mit Fotos von Jacques Delacroix, Illustrationen von Daniel Dufour
und Texten von Ingrid Astier

AT Verlag

Eines Morgens im April sagte ein Kunde beim Anblick des fast fertigen Baumhauses, das wir für ihn geplant und gebaut hatten, tief bewegt zu mir:

»Sie haben meinen Kindheitstraum wahr gemacht.«

Dieser Mann, Gründer und erfolgreicher Leiter eines sehr großen Unternehmens, musste sich beim Anblick dieser bescheidenen Baumhütte beinahe die Tränen verkneifen. Zweifellos erlebte er dabei einen guten Teil seiner Kindheit von neuem.

In den vergangenen neun Jahren seit der Gründung der Firma La Cabane Perchée® haben wir fast zweihundert Baumhäuser gebaut und jedes Mal diesen feinen Nerv aus der Kindheit getroffen. Auch wir haben in unserer Kindheit an freien Tagen mit ein paar Brettern und Schnüren unsere eigene Baumhütte gebaut – als idealer Ort, um darin ungestört zu spielen, aber auch als Zuflucht, um vor allem geschützt glückliche Stunden zu verbringen.

Wir konnten unsere Projekte bisher in verschiedenen europäischen Ländern realisieren, in Frankreich, Italien, Spanien, Portugal, der Schweiz und Belgien, und bald werden Deutschland, die Vereinigten Staaten und vielleicht auch Japan hinzukommen. Und ich bin mir sicher, dass wir auch dort dieselben »großen Kinder« wiederfinden werden, die mit Hilfe eines Baumhauses auf eine Traum- und Seelenreise zurück in glückliche Kindertage gehen und nicht wirklich erwachsen werden wollen.

Alain Laurens

1

Baumhaus: $9\ m^2$ – Terrasse: $8\ m^2$ – Höhe: 10 m
Eiche – Normandie

Die Eiche und die Schlange

Die Treppe windet sich wie eine Schlange um den Stamm der Eiche, die es ruhig und gelassen erduldet. Auf dieser magischen Wendeltreppe kann man die Erde verlassen und ins Königreich der Äste eindringen, eine Fantasiewelt, die sich mit jeder weiteren Stufe erschließt. In der spiraligen Bewegung entfalten sich die Träume und steigen im Astwerk in schwindelerregende Höhen empor. Über diese luftige Leiter gelangen wir an einen Ort, wo wir mit dem Himmel Zwiesprache halten können. Vielleicht braucht es eine neue Bezeichnung, die zu diesen Träumen passt: Wie wäre es mit Hüttenausguck oder Wipfelwohnung? Hier spürt man die Kraft des Stammes, die unglaubliche Stärke der Eiche und taucht in eine märchenhafte Welt ein: Zehn Meter über dem Boden kann man eine Vogelfeder stibitzen und damit einen Brief schreiben ...

2

Baumhaus: 17 m² – Bad: 5 m² – Terrasse: 9 m² – Höhe: 5 m
Kiefer – Luberon

Geschichten der Wipfel

In die Baumkrone geschmiegt, lädt dieses Baumhaus zum Träumen ein. Das große Bett öffnet sich dem Raunen des Baumes, den Geräuschen von Wind und Wetter, den Geschichten von Eichhörnchen und Grünspecht. Im Herzen des üppigen Laubwerks machen große verglaste Fenster und Türen die Terrasse zu einem Teil des Hauses und sorgen für eine gute Aussicht. Zeit für ein Bad im Grünen! Nachts wird die Hütte zur Fackel, zum leuchtenden Signal im Schoß der großen Stille. Und wenn das Licht ausgeht ...

3

Baumhaus: 9 m^2 – Terrasse: 7 m^2 – Höhe: 11 m
Eiche – Umgebung von Paris

Eleganz im Schatten

Die zur Familie der Kiefern gehörende Pinie ist an ihrer wie ein Sonnenschirm ausgebreiteten Krone erkennbar. Man möchte sich sogleich genüsslich in ihren Schatten legen. Eine verführerische Geste unbekümmerter Eleganz. Mit ihren ockerfarbenen und rötlichen Schrunden erinnert die Rinde von nahem besehen an die schwindelerregenden Tiefen eines Canyons. Und zwischen den Schuppen der Zapfen, die man rund um den Baum am Boden entdeckt, suchen die Finger nach Piniennüsschen. Ein Schmaus für Feinschmecker!
Doch, schau da, mitten drin, das Baumhaus! Gelassen ruht es fast wie außerhalb dieser Welt unter den dicken grünen Kumuluswolken des Blattwerks. In dieser Höhe ist der Wuchs der benachbarten Zypressen nicht mehr gar so stolz, und die Olivenbäume kräuseln sich wie eigenwillige Sprösslinge, die dem Betrachter eine lange Nase machen. Der Abend taucht die Wand des Hauses und die Äste in goldenes Licht. Wer verleiht hier wem Farbe? Wie ein Chamäleon ruht die Hütte still und unbeweglich im Gemurmel der Äste. Denn schließlich ist sie hier ja zuhause.

5

Baumhaus: 7 m² – Terrasse: 15 m² – Höhe: 7 m
Linde – Dordogne

Geschichten von Einhorn, Feen und Rittern

Eine mächtige Linde vor einem Schloss. Geschichten von Rittern, Feen mit langen Schleppen und wiehernden Pferden haben sich unter ihr tatsächlich abgespielt. Vergessen wir nicht, dass das Gedächtnis einer Linde tausend Jahre umfassen kann ... Auch sie selbst wollte Teil einer Geschichte werden. Darum wurde sie mit einem Baumhaus geschmückt. Von nun an wird die Linde so viele neue Erlebnisse und Erfahrungen sammeln, dass sich damit ein ganzes Buch füllen ließe. Und man hört bereits die Kinder fragen: »Ob sie wohl schon ein Einhorn gesehen hat?«

Endloses Kreisen

Warum wohl wirken Baumhäuser immer so geheimnisvoll? Die Treppe windet und schlängelt sich, als wolle sie ein Mysterium umkreisen. Vielleicht lässt sie sich Zeit, um sich von der Alltagswelt zu lösen, die Gedanken ziehen zu lassen, um dem Stamm, dieser gewaltigen Energiequelle, den Puls zu fühlen. Ist der Wald mit seinen gerade in die Höhe ragenden Stämmen nicht die endlose Wiederholung des Buchstabens I?
Die Stufen umarmen den Stamm, eng umschlungen, in einer schier endlosen Spirale: ein Hochzeitstanz, der den Pfeiler zähmen soll, ohne ihn zu ersticken. Auch die Hütte wächst, ohne jemals den Tod eines der tragenden dicken Äste zu fordern. Und plötzlich versteht man diesen langen Aufstieg: Das Baumhaus kreist um den Baum wie die Planeten um die Sonne und so, wie die Baumringe geduldig den Stamm formen.

© Maurizio Brera

© Maurizio Brera

Die Braut und der »Geschnaitelte«

Eine Treppe? Ist es nicht eher die hölzerne Schleppe der großen Eiche, die bis zur Erde reicht, oder eine weitere Wurzel, von Menschenhand hinzugefügt? Dieser Baum hat Stil. Man nennt ihn »geschnaitelt« und meint damit den Rückschnitt. Denn diese alten Einzelgänger der Wiesen werden heute von Menschen gepflegt und gestutzt, damit der Stamm kurz bleibt und nur der Wipfel Äste treibt, so dass der regelmäßige Schnitt leichter wird. Die dicken Äste sind in die Hütte integriert, denn die riesenhafte Eiche hat immer Vorrang. Wir bewundern sie vom Fenster aus und sehen, wie sie die Vögel anlockt. Ein Symbol der Macht, der Kraft und des Siegs. Die Krone des Baumes ist fächerförmig, und die Blätter liebkosen fast den Boden. In seinem Schoß ruht das Baumhaus – die Braut – und wird von ihm vor allzu neugierigen Blicken geschützt.

© Maurizio Brera

Provence
Interiors

8

Baumhaus: 6 m^2 – Terrasse: 6 m^2 – Höhe: 6 m
Eiche – Umgebung von Lyon

Die Hütte am Ende des ...

Ganz oben im Astwerk steht dieses Baumhaus, als gehöre es dorthin. Hoch oben in der Luft, in der Leere, ruht es wie durch Magie auf schlanken, eleganten Beinen – eine Herausforderung an die Schwerkraft, ein Nasenstüber für Wichtigtuer, ein Unterschlupf auf einem grünen Teppich, umspült vom Wolkenmeer. In diesem Jadeozean nimmt das rote Zedernholz die Farbtöne der untergehenden Sonne an. Dies ist die Hütte am Ende des ... Jeder möge den Satz für sich selbst vervollständigen.

Huldigung an den Wald

Es ist Herbst. Die große Eiche hat sich mit ihren Gefährten beraten und beschlossen, dass es Zeit ist, die Blätter abzuwerfen. Doch vor dem Fall flammen sie nochmals auf, und der Zuckerahorn rötet den Boden der Terrasse. Goldenes Gelb und Orange mischen sich darunter. Bald kommt der Winter, und das Baumhaus kann sich nicht mehr hinter den Zweigen verbergen und muss die dreiste Verbindung – einem dem Baum aufgepfropften Edelreis gleich – enthüllen. Ein pflanzlicher Ehebund, der ohne einen einzigen Nagel auskommt. Eine geheime Osmose zwischen Vertrauten, eine Huldigung an den Wald.

11

Baumhaus: 7 m² – Terrasse: 12 m² – Höhe: 6 m
Nussbaum – Provence

Die Wolkenfalle

In diesem perfekten Schlupfwinkel – einem Ankerplatz zwischen Himmel und Erde – höre ich das leise Säuseln des Abends. Doch keine langen Reden mehr. Leise Geständnisse, mehr geahnt als gehört, Bruchstücke eines Traumes, eine Enthüllung: Von weitem sieht die Krone des Nussbaums – üppig und duftig-dicht – wie Zuckerwatte aus. Zuckerwatte, die einst rosa war und sich nun wie ein Chamäleon grün färbte. Und diese Zuckerwatte macht sich einen Spaß daraus, im Blättergewirr Wolken zu fangen. In der Hütte, die gleichsam den Boden des Himmels bildet, habe ich den ganzen Tag darauf gewartet, dass eine dicke Wolke sich im Blattwerk verfängt, denn ich möchte endlich erfahren, wie der Himmel schmeckt.

12

Baumhaus: 7 m² – Terrasse: 6 m² – Höhe: 9 m
Eiche – Var

Der grüne Wachtposten

Mit seinen Füßen fest verankert in der Erde, bildet der Baum eine Verbindung zum Himmel. Er ragt in die Höhe mit seiner Krone aus smaragdgrünen Fingern, zwischen denen hin und wieder Blau hindurchscheint. Stolz wie der Herrscher über seinen Untertanen thront man am Geländer der Hütte, überblickt das Land und schaut, ob unten schon die Pilze sprießen. Oder man beobachtet aus sicherer Höhe ohne Furcht einen großen Hirsch, der vorüberzieht. Stille Wache. Wer würde dabei nicht an Italo Calvinos wunderbaren »Baron in den Bäumen« denken, der die Welt von der Höhe seines Baumes aus betrachtete und feststellte, dass von dort aus alles anders war. Alles. Und alles ist nicht nichts.

Japanische Impressionen

Fenstersprossen, Bambus, ein kleines Ziegeldach und eine Spitze, die nach Art der Pagoden zum Himmel weist. Denn hier hält man Zwiesprache mit dem Himmel, ein fest in den Boden gefügtes Fundament gibt es nicht. Durch das Gitter der Fenstersprossen betrachtet, nimmt das Laub die Farbtöne japanischen Tees an. Wird man hier nicht vom Grün ganz trunken? Plötzlich, mitten zwischen den flammenden Pfingstrosen der Kissen, der gusseisernen Teekanne und den Bambusfächern, schauen wir auf die Uhr, und wir wissen, dass wir der Kyoto-Zeit neun Stunden hinzufügen müssen. Im Traum eine ganz einfache Rechnung.

15

Baumhaus: 10 m^2 – Terrasse: 7 m^2 – Höhe: 10 m
Eichen – Normandie

Doppelhelix im Wipfel

Ein Stamm wie ein Klettermast geleitet hinauf zur Hütte. Diese zollt der großen Eiche, die sich eine Waldlichtung als Standort ausgesucht hat, ihren Respekt. Typisch. Denn die Stieleiche sucht oft das Licht am Waldrand. Sie ist ein Grenzbaum, sie ist gerne allein. Im gedämpften Licht des Laubdoms beginnt ihr langsamer Aufstieg. Ihr ebenbürtig ist der Lebensdrang der Treppe, die sich entrollt wie ein langer, sich ringelnder Holzspan – fast erinnert es an ein DNS-Molekül. Oder entfalten sich hier schelmisch Luftschlangen eines übermütig-fröhlichen Festes?

Das Jadehaus

Rund herum Wasser, und auf dem stillen Teich treibt das Baumhaus auf einer schwimmenden Plattform. Eine Schönheit im trüben Wasser, geboren aus der Verbindung von Himmel und Erde. Das Dach der Hütte durchstößt den Horizont: Niemals wird das Malachitgrün mit dem Laubwerk der Bäume verschmelzen. Gut so! Das Haus ist die Antwort des Menschen auf die Natur, nicht deren Kopie.

Hier ist die Seele des Teeraums. Das Wasser hat die Funktion des Roji in Japan, der Allee im Garten, und bewirkt Loslösung: Im langsamen Strom kann der Geist die abgenutzten Gewohnheiten des Alltags ablegen. Die Schlichtheit des Baus ist wichtig; sein Grundriss weckt menschliche Gefühle. Man nennt ihn auch Haus der Leere, weil er sich dem Vergänglichen öffnet. In seinem Inneren sollten sich traditionell nicht mehr als fünf Personen aufhalten: »Mehr als die Grazien und weniger als die Musen«, sagte Okakura. Hier lernt man, dass die Poesie eine einfache Nahrung ist. Möge sie auch in unser Herz zurückkehren.

寶塔寧靜的
稠蛾樂怡特里卡

vivre sienne

18

Baumhaus: 11 m² – Terrasse: 6 m² – Höhe: 3 m
Tanne – Normandie

Fröhliche Kringellocken

Geburtstag. Erinnerungen an Geschenkpäckchen. Farbige Bänder, mit der Schere zu lustigen Locken gedreht. Ausdruck purer Freude – wie die feuerroten Ringellocken einer jungen Irländerin. Vor diesem Baumhaus kann man sich des Eindrucks nicht erwehren, dass der Zimmermann seine gute Laune mit einem langen hölzernen Band über die Terrasse hinaus verbreiten wollte. Das Band fällt bis auf die Erde und schlägt neben dem Stamm Wurzeln. Auf der Terrasse fangen die Liegestühle die Sonne ein, die keine Gelegenheit auslässt, sich ein wenig auszuruhen. Jeden Tag schaut sie vorbei. Manchmal nur fünf Minuten. Doch bisweilen lässt sie sich auch in ein Gespräch verwickeln und bleibt für ein paar Stunden – wie jetzt zur Feier des Geburtstags.

20

Baumhaus: 18 m² – Terrasse: 21 m² – Höhe: 5 m
Pinien – Luberon

Geteilte Träume

Ein Baum ist ein Traum, der Wurzeln geschlagen hat.
Ein Baumhaus ist ein Traum, der aufgestiegen ist.

22

Baumhaus: 8 m^2 – Terrasse: 14 m^2 – Höhe: 6 m
Buchen – Umgebung von Paris

24

Baumhaus: 8 m² – Terrasse: 14 m² – Höhe: 12 m
Mammutbaum – Bourgogne

Im Reich der Riesen

Das Bein eines Dinosauriers, zart, rotes Ocker, riesig. Das Gefühl, die holzigen Fasern einer Kokosnuss zu liebkosen. Der Mammutbaum (Sequoia sempervirens): Man nennt ihn den Riesen des Waldes. Der höchste bekannte Mammutbaum würde mit seinen 115 Metern bis zur zweiten Etage des Eiffelturms reichen. Die Wendeltreppe, verziert mit einer üppigen Boa aus grünem Laub – den Straußenfedern der Tänzerinnen einer Pariser Revue ebenbürtig –, wirkt im Vergleich dazu fast zierlich. Versteckt sich ein Menschenfresser im Mammutbaum? Nein, das ist die Geschichte der Schlange des Kleinen Prinzen, die einen Elefanten verschlingt. Vom Baumhaus aus gesehen wird daraus die Geschichte des Mammutbaums, der eine Hütte verschlingt.

25

Baumhaus: 7 m² – Terrasse: 8 m² – Höhe: 7 m
Eichen – Sologne

Sänfte im Wald

Dieses am Waldrand auf zwei großen Eichenstämmen erbaute Baumhaus ruht gleichsam auf zwei robusten Beinen und schiebt seine Terrasse in den Wald hinein. Ein Elefant? Ein Schimmel? Ein Dinosaurier? Der Fantasie sind keine Grenzen gesetzt. Dabei ist sich dieser Bau wohl bewusst, dass zwischen dem Tier und der Pflanze die Eiche, die Königin des Waldrands, steht.

Daneben wachsen junge Birken mit Stämmen, die langen, dünnen Reiherbeinen gleichen. Sie sind elegant und nicht mit der Majestät der Eiche zu vergleichen. Eine schmale Brücke führt zum dritten Stamm, der ganz von einer Wendeltreppe umschlungen ist. Ein Rollentausch in der Luft, ein Triumph der zarten Schritte. Das Haus thront, einer Sänfte gleich, auf dem Rücken des Elefanten. Allerdings wurden die goldbestickten Vorhänge und die Edelsteine durch üppiges Laub in den Farben des Honigs und des Tigerauges ersetzt.

Gespräch mit den Sternen

Das Haus der vier Jahreszeiten, das mit den Monaten seine Gesichtszüge ändert ... Dennoch bleibt es dank des Baumes eine stattliche Erscheinung, einerlei, ob er seinen Schmuck abgelegt hat oder in sattem Grün erstrahlt. Wie eine Schlange windet sich die Treppe sanft hinab zur Erde. Oben, hinter den Fenstern, erhellen Armleuchter mit Stämmen aus Wachs und flackernder Flamme das Innere. Man bläst die Kerzen aus und geht hinaus auf die Terrasse, um die Wolken und den Mond zu grüßen. Blätter rascheln: Hirsche und Hirschkühe haben auf den Einbruch der Nacht gewartet. Allmählich gewöhnen sich die Augen an das Dämmerlicht. Jetzt enthüllt der Himmel seine Hieroglyphen. Der Blick erkennt die Sternzeichen: Das Dreieck des Sommers verbindet Deneb mit dem Schwan, Wega mit der Leier und Altair mit dem Adler. Diese Dreiheit von Sternen befindet sich ganz am Ende der Milchstraße. Deneb ist ein blauer Riese, so groß wie zweihundert Sonnen. Am Geländer aus Holz webt der Traum sein Netz. Kein Zweifel, dieses Baumhaus kennt die Sprache des Himmels und der Nacht.

27

Baumhaus: 11 m² – Bad: 4 m² – Terrasse: 4 m² – Höhe: 9 m
Buche – Champagne

Unter freiem Himmel

Das schönste Rot der Umgebung? Eine große Buche, die geduldig gewachsen ist, bloß einen bis zwei Zentimeter im Jahr. In ihrem roten Herbstlaub verbirgt sie ein Baumhaus. Auf Pfählen ruhend, gleicht es einem Stelzvogel, mit seiner schmalen Brücke auch einem Seiltänzer. Nun schläft die Hütte unter dem Leinentuch, das den Himmel überspannt.

Die Zypresse als Leuchtturm

Mosaik aus Blau und Grün: das Schachbrett der Schönheit. Ein Riese betrachtet die Landschaft. Unter dem tafelförmigen Wipfel einer großen Zypresse duckt sich ein Schiff in eine Nische, das nie wieder auf das Meer zurückkehren wird. Der Geist bekommt Flügel. Hier befinden wir uns am Zusammenfluss der Fantasiebilder, wo der Ozean, die Erde, der Himmel, die Vögel und die Naturgärten sich vereinigen.
Der Pavillon im Baum gleicht einem festsitzenden Passagierschiff. Hinter dem Bullauge der Tür, beim Schreiben am schlichten Tisch, zweifelt man nicht daran, den Wind brausen und das Meer rauschen zu hören. Auf der Terrasse pflückt man einen Zapfen, der seine Schuppen öffnet. Aus der Nähe sieht er aus wie die gefüllte Hundertblättrige Rose oder Kohlrose. Aber es ist eine versteinerte Rose, die nach Terpentin riecht. Die nach Anis duftenden grünen Zapfen der Zypresse gleichen hingegen winzigen Dekorrosen aus Zuckerwerk. Und in der Nacht verwandelt sich das Schiff in einen Leuchtturm.

29

Haus: 17,5 m² – Terrasse: 26,5 m²

Ein Haus auf dem Wasser

Im Stil der Baumhäuser lädt diese Hütte auf dem Wasser dazu ein, das Weite zu suchen – auf einem Teich oder See, auf allen sanft wogenden Gewässern. Aus rotem Zedernholz gebaut, bietet sie einen Komfort, der es den Bewohnern erlaubt, mitten im Nirgendwo das einfache Leben und nichts sonst zu genießen. Träumen, lesen, ruhen, schlafen, gewiegt von plätschernden Wellen.

Das Team von La Cabane Perchée®

www.lacabaneperchee.com
Alain Laurens, Telefon 0033 490 75 91 40

Alain
Laurens

Daniel
Dufour

Ghislain
André

Mayra
Da Silveira Beuno

Pierre
Nègre

Aimé
Baret

Matthieu
Adamski

Anna
Chevolleau

Antoine
Leib

Baptiste
Colliaux

Nützliche Adressen für Übernachtungen in den Bäumen

Frankreich:

Apt, Vaucluse (Provence-Alpes-Côte d'Azur), www.evasioninsolite.unblog.fr

Bellou-le-Trichard, Orne (Basse-Normandie), www.perchedansleperche.com

Bermicourt, Pas-de-Calais (Nord-Pas-de-Calais), www.lacourderemi.com

Bonnieux, Vaucluse (Provence-Alpes-Côte d'Azur), www.maisonvalvert.com

Chigny les Roses (Seite 172), Marne (Champagne-Ardenne), www.domaine-du-chalet.com

Gommenec'h, Côtes d'Armor (Bretagne), www.perso.wanadoo.fr/brigitte.vincent

La Croix Valmer, Var (Provence-Alpes-Côte d'Azur), www.chateauvalmer.com

Maubec, Vaucluse (Provence-Alpes-Côte d'Azur), www.hotel-bastide-bois-breant.com

Prats de Mollo, Pyrénées-Orientales (Languedoc-Roussillon), www.montozarbres.com

Nomécourt, Haute-Marne (Champagne-Ardenne), www.chatnom.com

St-Paul-de-Vence, Alpes-Maritimes (Provence-Alpes-Côte d'Azur), www.orionbb.com

Thurins, Rhône (Rhône-Alpes), www.cabanotte.fr

Italien:

Arlena di Castro, Prov. Viterbo, Latium, www.lapiantata.it

Meran, Prov. Bozen, Trentino-Südtirol, www.hotel-irma.com

Danksagung

Die Autoren danken herzlich:

Allen, für die wir Baumhäuser bauen durften und die uns ihr Vertrauen geschenkt haben. Dadurch haben sie uns geholfen, das Abenteuer fortzusetzen.

Isabelle Grison und dem ganzen Team von Éditions la Martinière, die sich immer um unsere kleinen Sorgen kümmerten.

Marion Laurens, der hochbegabten Gestalterin dieses Buches, der wir Nächte und Wochenenden gestohlen haben.

Magnus Keyser für das Foto auf Seite 4 und Maurizio Brera für die Fotos auf Seite 46/47, 48 und 49.

Dem gesamten Team von La Cabane Perchée®. Ihr habt bei Wind und Wetter die in diesem Buch vorgestellten Bauten geschaffen und seid zu einem großen Teil ebenfalls seine Autoren.

Die Originalausgabe dieses Buches ist 2009 unter dem Titel »Cabanes d'Exception« bei Éditions de La Martinière, Paris, erschienen.

Aus dem Französischen übersetzt von Martin Rometsch.

Für die deutschsprachige Ausgabe:

AT Verlag, Baden und München
Grafische Gestaltung: Marion Laurens
Druck und Bindearbeiten: Estella Graficas
Printed in Spain

ISBN 978-3-03800-480-6

www.at-verlag.ch

DIE ENTWÜRFE VON DANIEL DUFOUR

Nachfolgend die Projektskizzen, wie wir sie unseren Kunden vorlegten.

Wir schneiden nie große Äste ab und schlagen auch nie einen Nagel in einen Baum. Da uns hier ein großer Ast im Weg war, sollte die imposante Wendeltreppe ursprünglich zu einer Plattform führen und dann zur Terrasse zurückkehren. Es ist uns aber gelungen, das Hindernis anders zu umgehen. Über die Treppe gelangt man ohne Absatz unmittelbar auf die Terrasse.

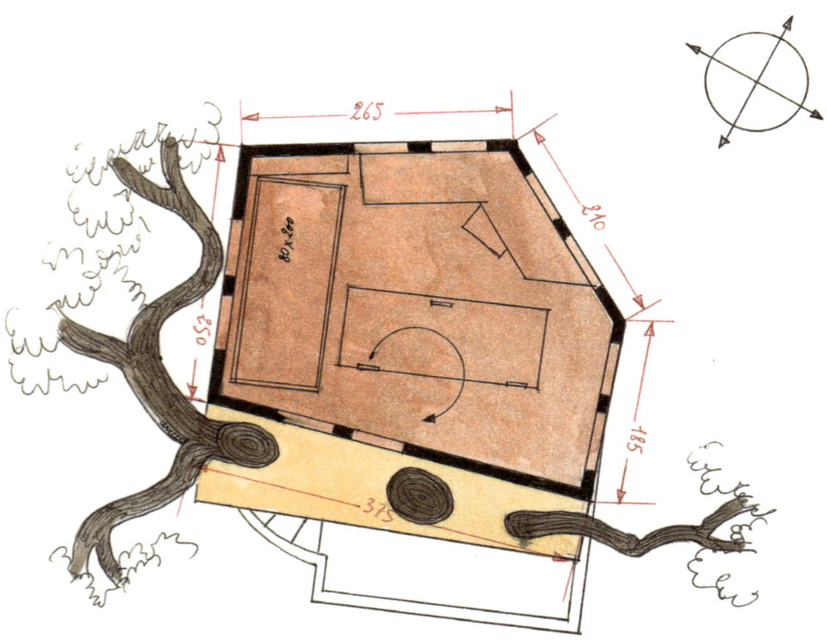

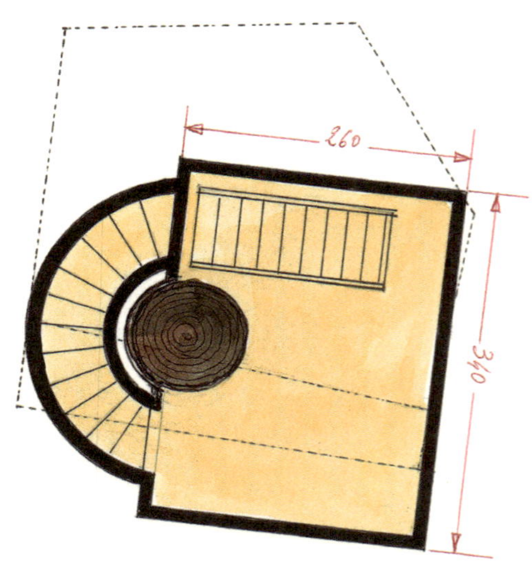

Das Besondere an diesem Gäste-Baumhaus besteht darin, dass es nicht nur auf Pfeilern ruht, sondern auch auf den zwei großen Kiefern, welche die Terrasse durchqueren. Es hat ein Bad, dessen Rohrleitungen völlig unsichtbar geführt sind.

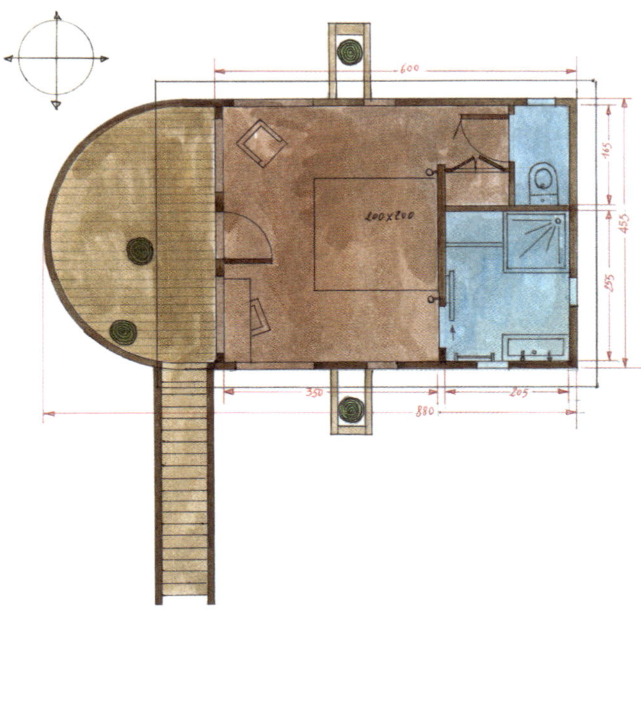

Dies war das erste Mal, dass wir eine Wendeltreppe gebaut haben, die sich in solcher Entfernung um den Stamm windet. Wir wollten keinen Ast dieser wundervollen Eiche absägen. Da die Treppe sich mindestens zwei Meter vom Stamm entfernt, haben wir uns für eine reine »Hängetreppe« entschieden. Die Konstruktion des Verbindungsteils zwischen der Treppe und dem rechten Teil der Terrasse war schwierig.

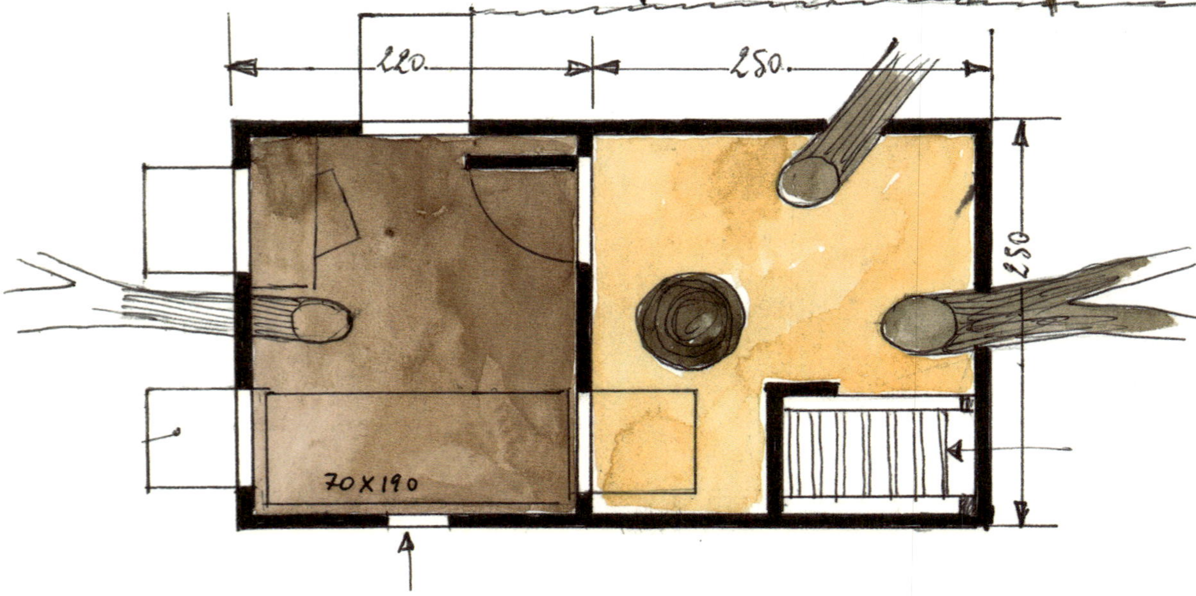

BAUMHAUS 4
Seite 24

Ursprünglich sollte sich die zusätzliche Terrasse links von der Hütte befinden. Da wir jedoch nie ein Risiko eingehen, haben wir darauf verzichtet. Die Kiefer ist bereits sehr schief; deshalb haben wir für ein Gleichgewicht der Kräfte gesorgt, indem wir möglichst viel Gewicht über den Schwerpunkt des Baumes verlagert haben.

Nach diesem ersten Entwurf sollten hölzerne Pfähle die Plattform stützen, auf der das Baumhaus steht. Um den Eindruck der Leichtigkeit zu betonen, haben wir auf sämtliche Pfähle verzichtet und die Plattform vollständig an unsichtbare Kabel gehängt.

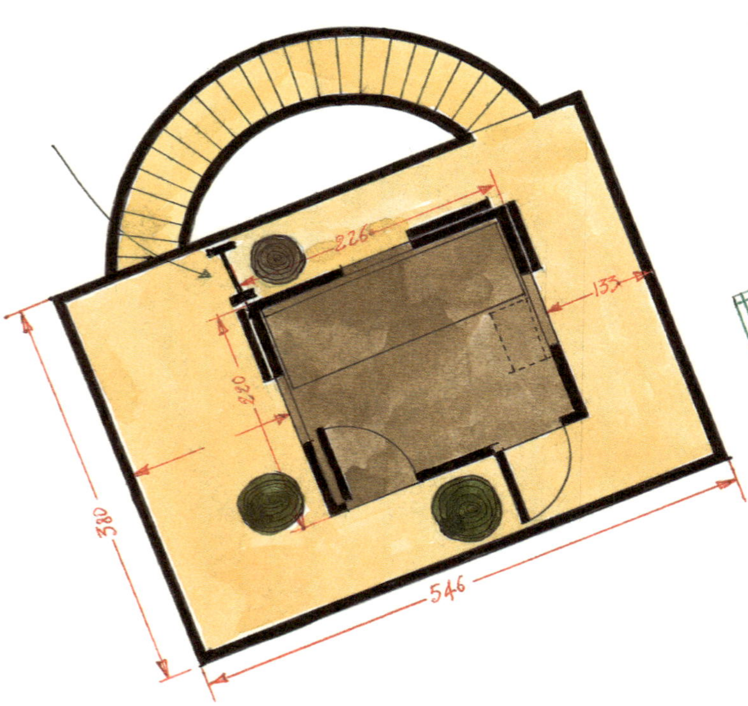

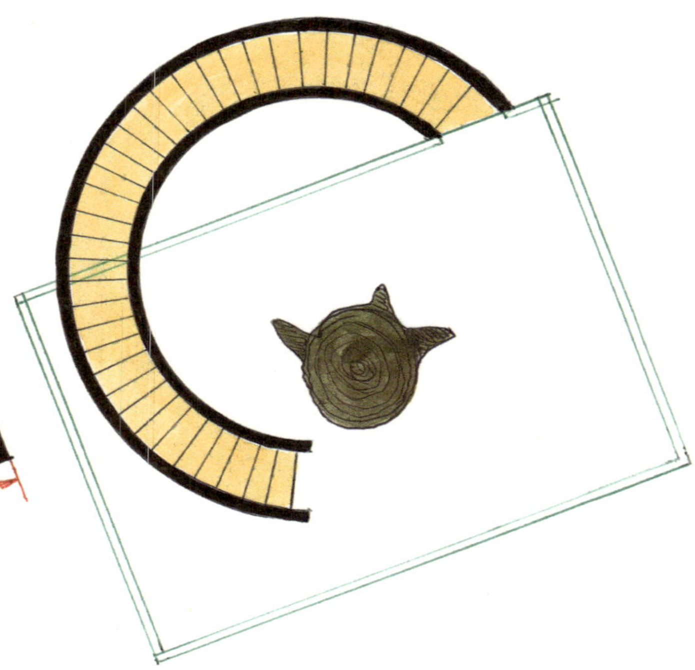

BAUMHAUS 6
Seite 38

Hier haben wir in sehr großer Höhe gebaut. Das Baumhaus wurde millimetergenau zwischen die Äste der großen Eiche gebaut. Nicht weniger als drei dicke Äste durchqueren es, als wäre es zusammen mit dem Baum gewachsen. Ein Sonnenkollektor auf dem Dach erleichtert die Abendlektüre.

Dieses Baumhaus konfrontierte uns mit sämtlichen Problemen, mit denen wir täglich zu tun haben. Trotz seiner imposanten Größe wurde es ganz in die große Eiche hineingebaut. Es bietet allen Komfort (Elektrizität, Bad, Toiletten), der aber völlig unsichtbar bleibt. Die gewundene Treppe ist vom Baum unabhängig und scheint nahezu im Leeren zu ruhen. Die Terrasse hat einen runden »Balkon«, auf dem man das Frühstück einnehmen kann.

BAUMHAUS 8
Seite 52

Um die Brücke so leicht wie möglich zu machen, haben wir sie auf sehr leichte Pfeiler gesetzt. Der Bau scheint in der Leere zu schweben.

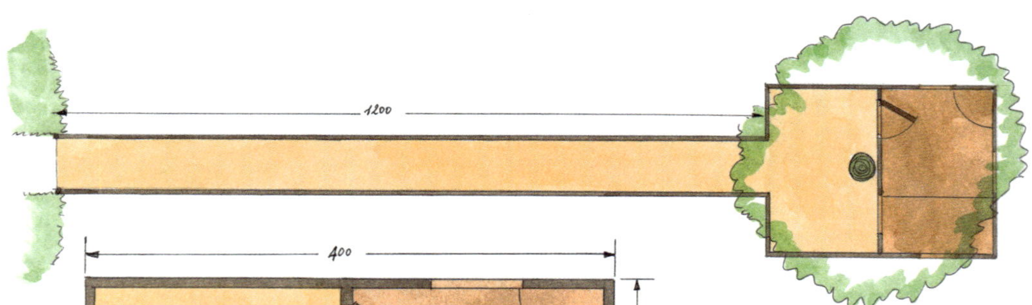

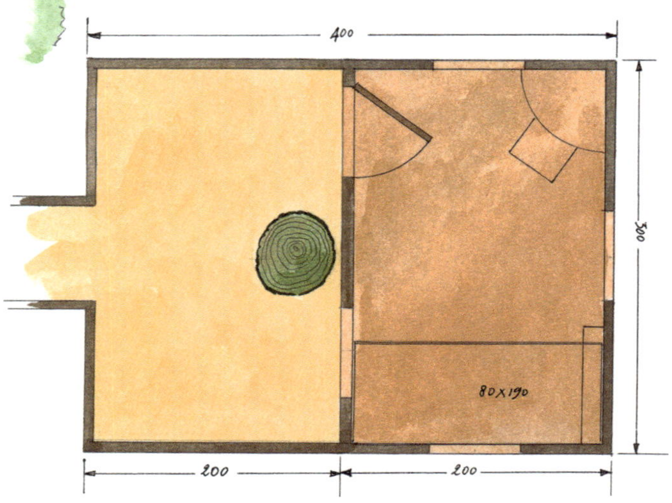

Unser Kunde wünschte sich ein Baumhaus von etwas eigenwilligerer Form als auf diesem Plan. Ergebnis: Der Dachstuhl wurde in viele Einzelflächen unterteilt und ist mit seinen schrägen Firstpfetten, Gratsparren und Dachkehlen sehr komplex. Die Rohrleitungen des Bads sind unsichtbar unter dem Gebäude angebracht.

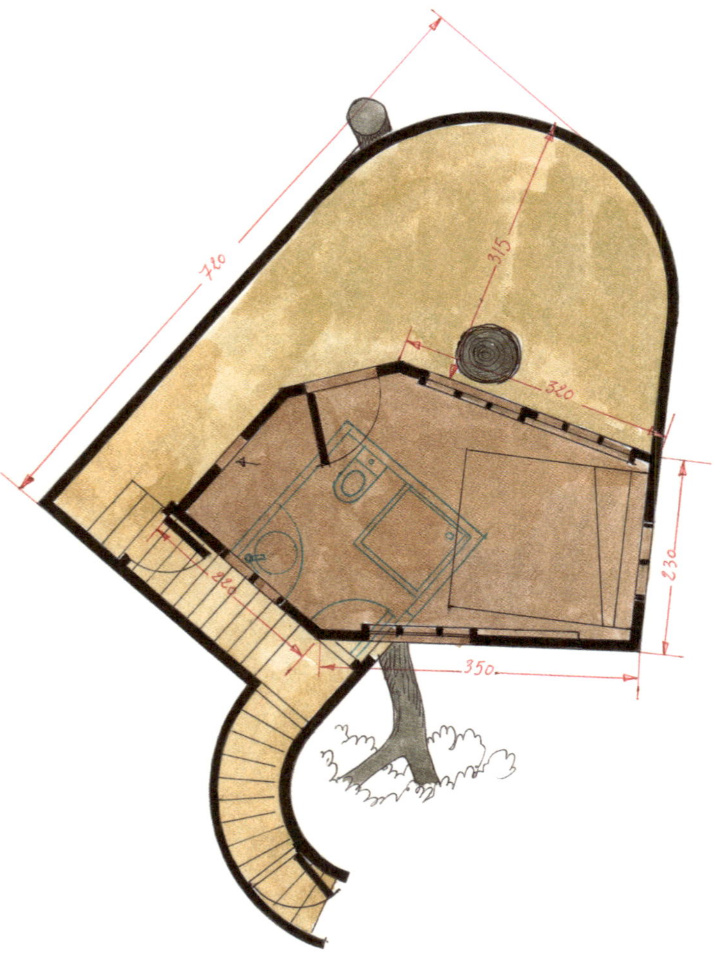

BAUMHAUS 10

Seite 64

Man beachte das hübsche kleine vierseitige Turmdach über dem Eingang. Der Bau besteht aus kleinen, ineinander übergreifenden Komponenten, die Rücksicht auf die Anordnung der Äste nehmen.

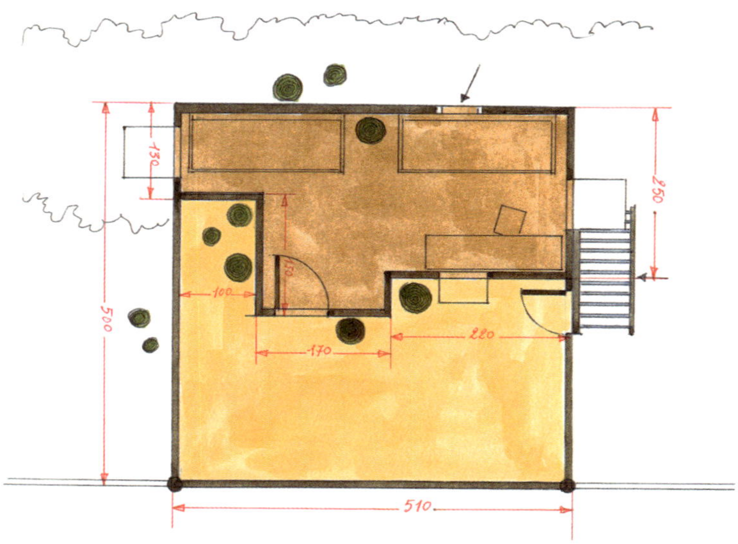

Gelegentlich verwenden wir Metall für Türen und Fenster. Große Glasfenster öffnen das Baumhaus noch mehr für die Natur. Dieser auf einem schönen Nussbaum erstellte Bau ist ein gutes Beispiel. Die runden Rammpfähle harmonieren mit den zentralen Strukturverbindungen der Wendeltreppe.

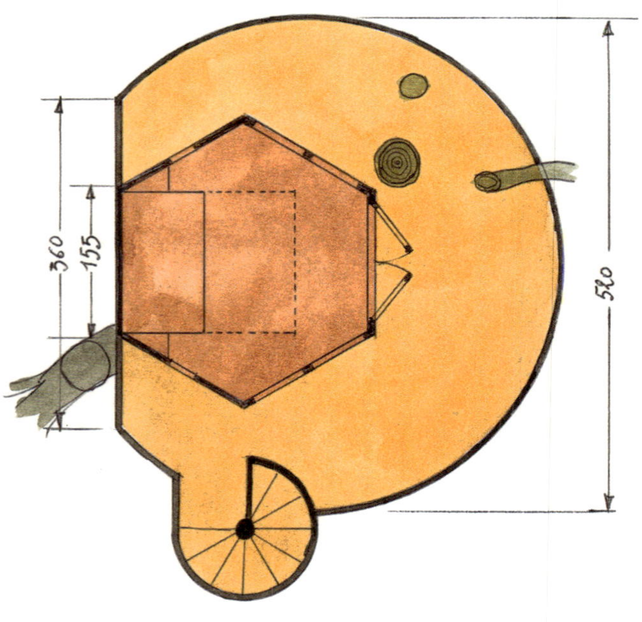

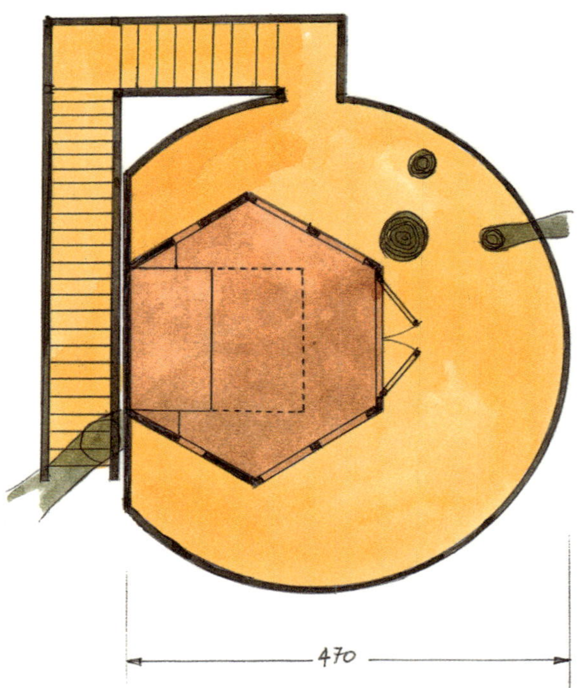

Unsere Wendeltreppen sind sehr gefragt. Wenn der Baum es erlaubt, ist das Ergebnis immer hervorragend. Nach dem ersten Plan hätte eine gerade Treppe vom Boden bis zur Hütte führen sollen. Um eine solche Treppenführung zu vermeiden, musste der Zimmermann sehr erfindungsreich sein und präzise arbeiten. Jetzt schlängelt sich eine Wendeltreppe durch die Äste.

Dies ist der ursprüngliche Plan, den wir mit unserem Kunden abgeändert haben. Zum Eingang gelangt man über eine schmale Brücke, die auf einem Abhang aufliegt. Wieder ein schönes Beispiel für einen Bau, der sich gut in den Baum einfügt.

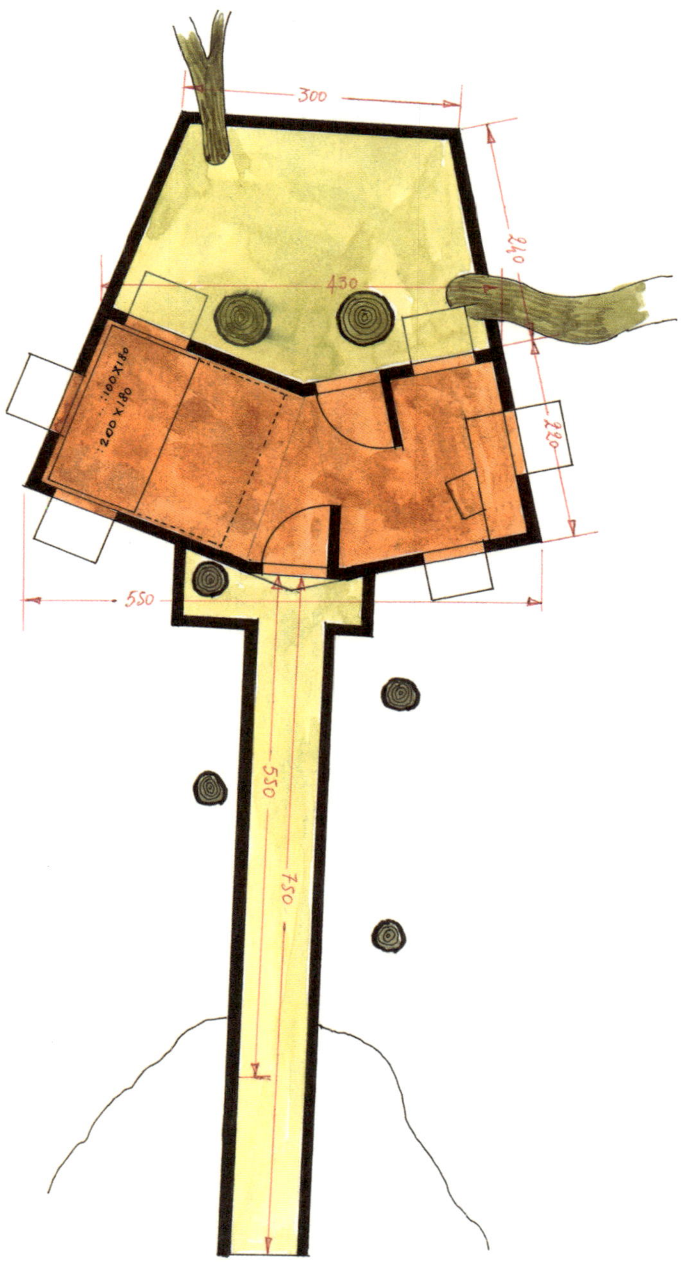

__HAUS 14
Seite 88

Es kommt sehr selten vor, dass wir eine Hütte auf dem Boden bauen; unserem Freund Dominique Lafourcade, einem sehr begabten Landschaftsarchitekten, konnten wir es aber nicht abschlagen. So entstand unter seiner Leitung eine hübsche kleine Bambushütte. Auf den Fotos Seite 90–93 sieht man die Präzision der Arbeit, die gesamte Inneneinrichtung und das überaus charmante runde Dach.

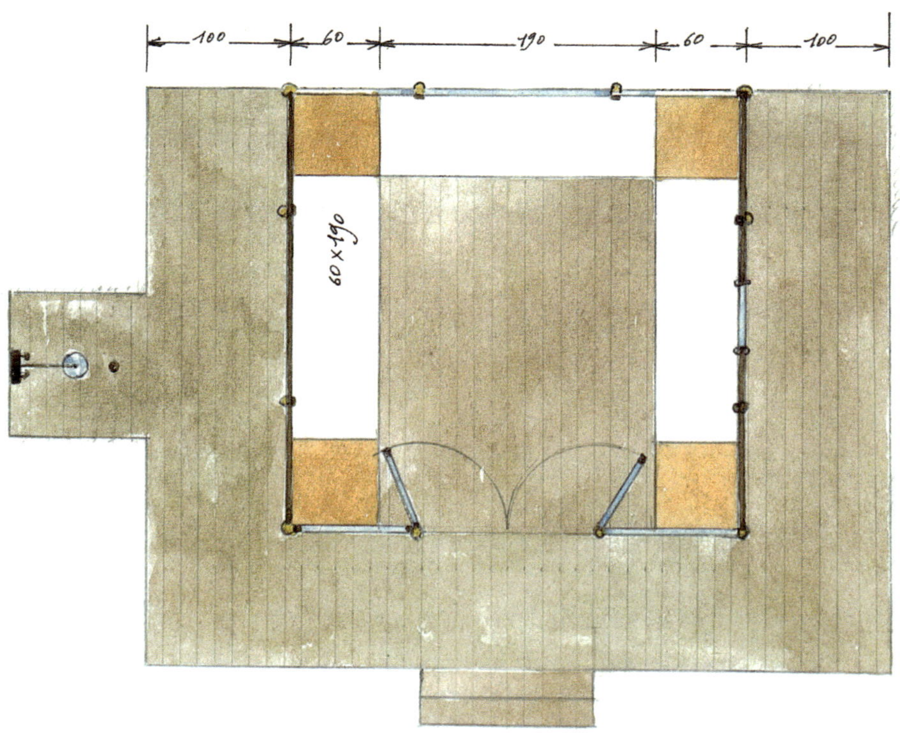

Dieses Baumhaus wurde zwischen zwei große Eichen gebaut. Die Wendeltreppe wurde zu seinem dritten Bein. Dadurch wird die Last dreiecksförmig zwischen den Bäumen und den Rammpfählen der Treppe verteilt.

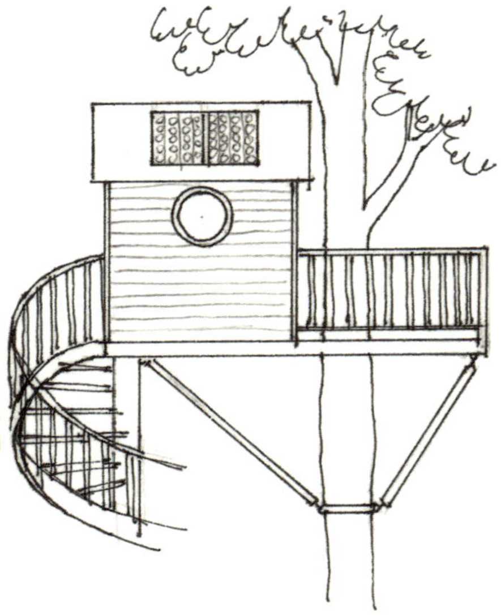

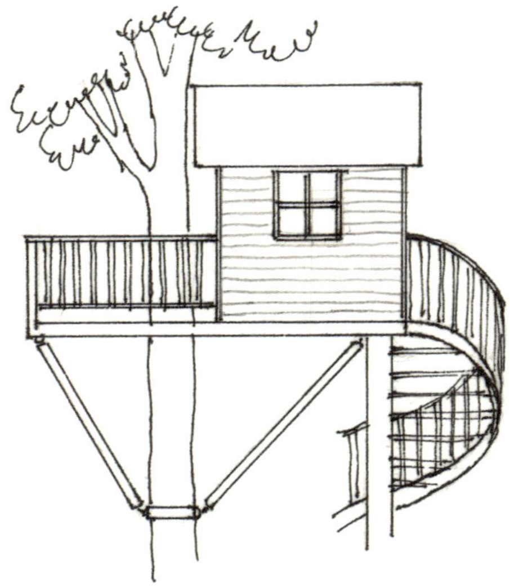

__HAUS 16
Seite 98

Die Plattform dieser schwimmenden Pagode hat eine Fläche von fast 100 m², das Haus ist 22 m² groß. Wir hatten das Gefühl, ein Passagierschiff zu bauen! Das Gebälk im Inneren besteht aus Dachsparren. Man beachte die komplexe Dachform. Die Dachplatten bestehen aus lackiertem Metall. Damit das Haus die Ruhe ausstrahlt, die seinem Status gebührt, wurde die gesamte Innenausstattung von unseren Schreinern mit besonderer Sorgfalt ausgeführt.

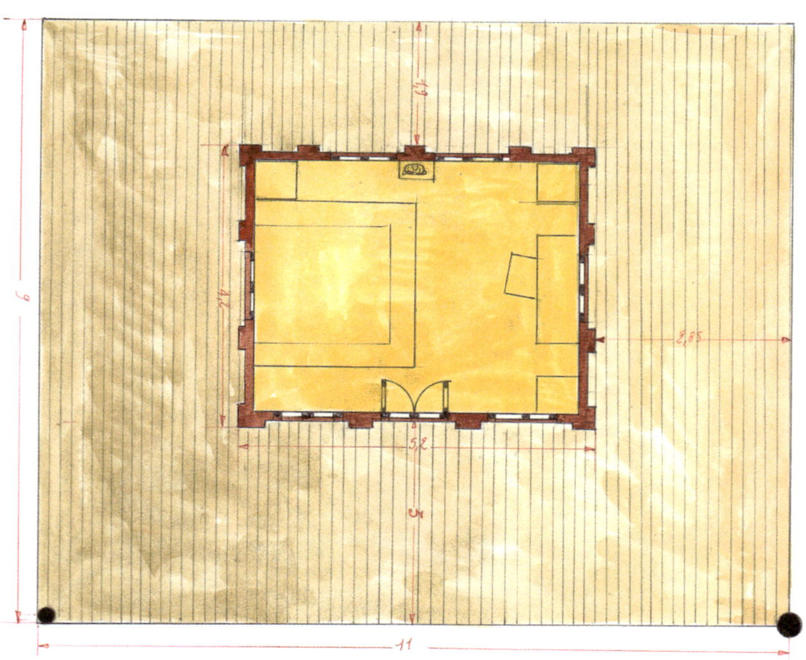

Zwei große Eichen tragen dieses Baumhaus. Die eine trägt im Wesentlichen das Haus, die andere die Terrasse. Dadurch erhält das Ganze vernünftige Proportionen und fügt sich sehr gut in die Umgebung ein. Die Terrasse und die Außengalerie umgeben das Haus, so dass man in alle Himmelsrichtungen Ausblick hat. Im Inneren stehen ein Sofa (das in ein Bett umgewandelt werden kann) und eine Reihe von Möbeln, die unsere Tischler hergestellt haben.

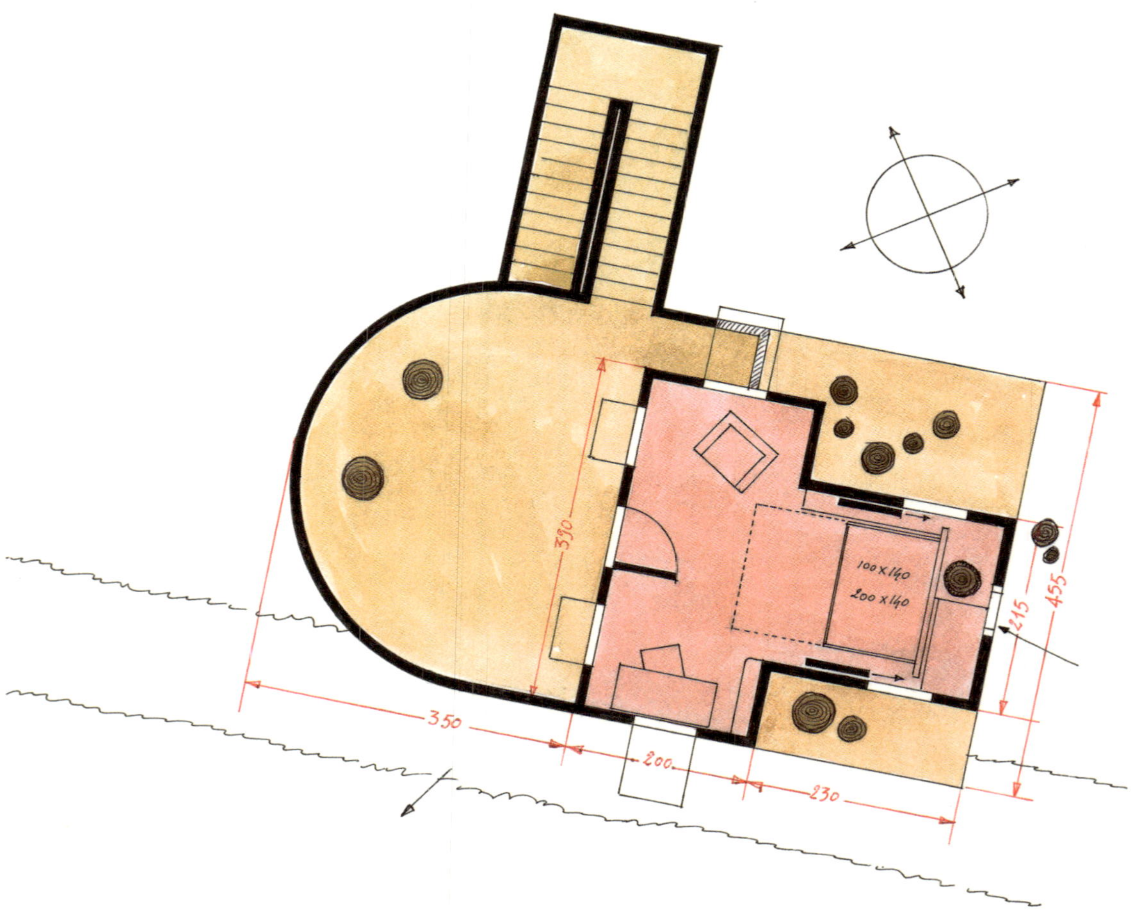

BAUMHAUS 18

Seite 114

Auf den Fotos sieht man, dass dieses Baumhaus ein kleines Juwel der asiatischen Baukunst ist. Die Schiebetüren öffnen sich weit der Natur. Die Geländer, das sehr schräge Dach, die Verkleidung der Fenster – alles lädt zu einer Reise in den Fernen Osten ein.

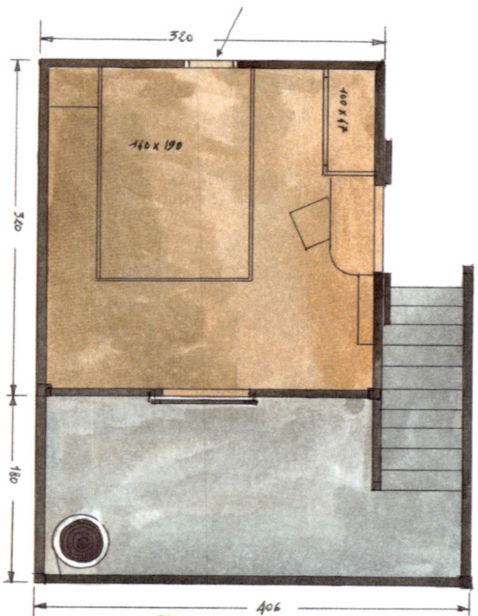

Auch hier passte der geplante Verlauf der Treppe nicht zu den großen Ästen des Baumes. Wir mussten uns also anpassen und drei Treppen in einer entwerfen: gerade, gebogen und gewunden.

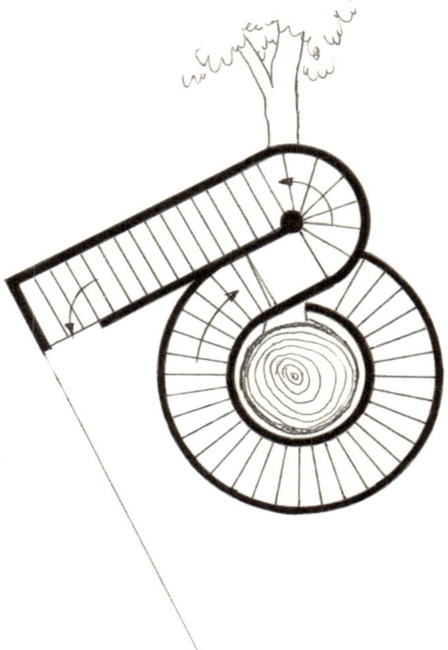

__BAUMHAUS 20
Seite 126

Die Kiefern waren nicht sehr groß, und das geplante Haus sowie seine Terrasse haben eine beachtliche Größe. Wir rammten die notwendigen Pfähle diskret zwischen den Bäumen ein. Wer oben steht, hat das Gefühl, über dem Nichts zu schweben.

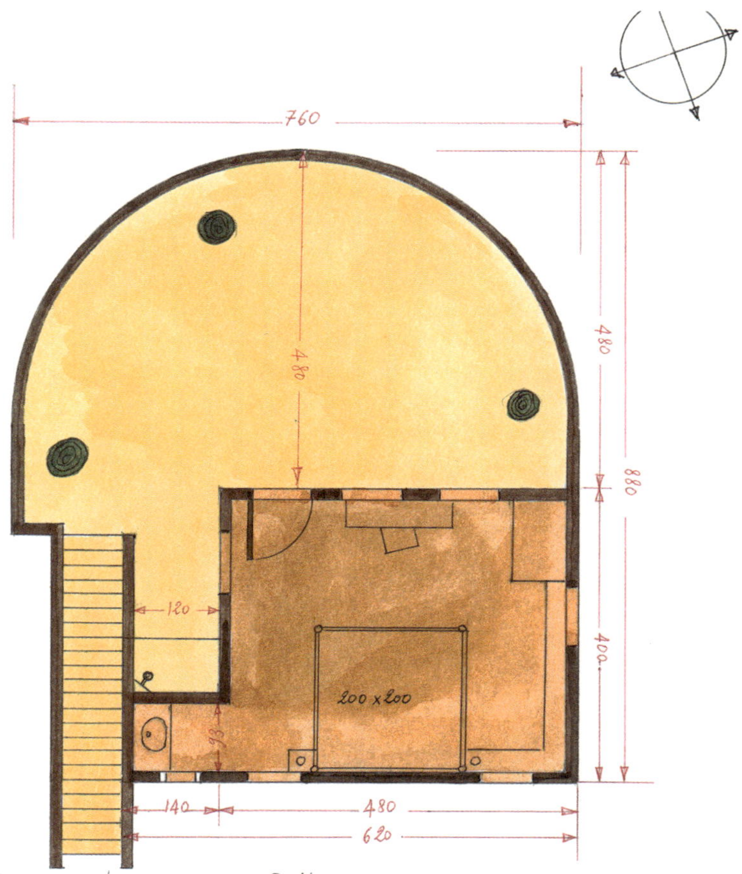

Dieser Baum war wie geschaffen für ein Baumhaus. Der Raum, in dem wir es erbauten, hatte schon auf uns gewartet. Kein einziger Ast störte – ein Traum!

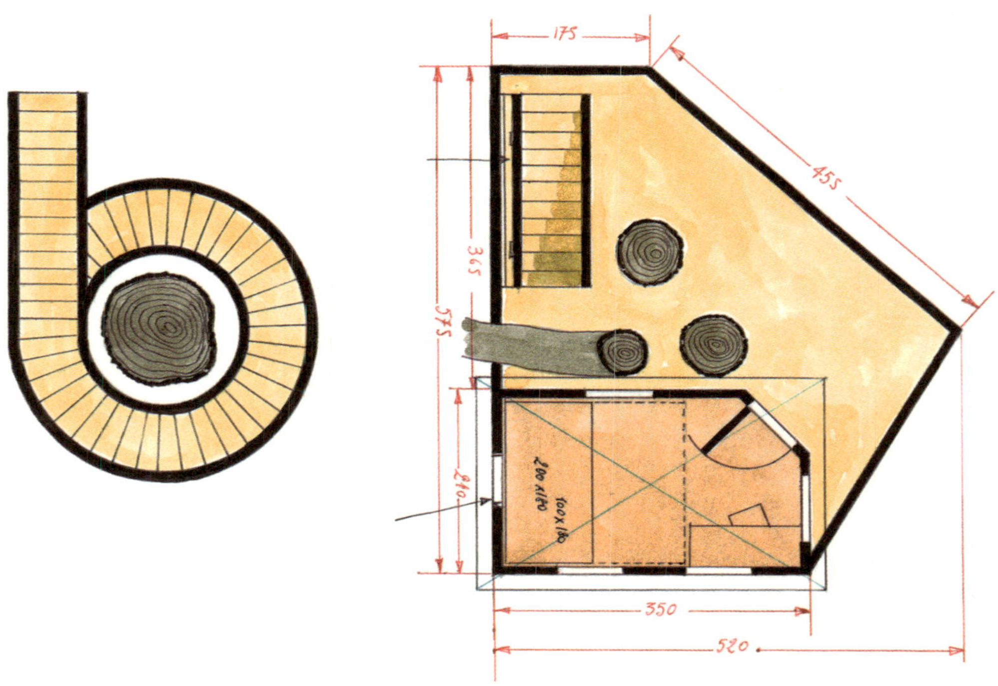

BAUMHAUS 22

Seite 138

Dieses Baumhaus wurde zwischen zwei Bäume gebaut, die ausreichend voneinander entfernt waren. Dennoch war keine Strukturverbindung notwendig. Wir benutzten einen sehr langen, abgestützten Balken, halb aus Holz, halb aus Metall, um eine genügend große Spannweite zu erreichen.

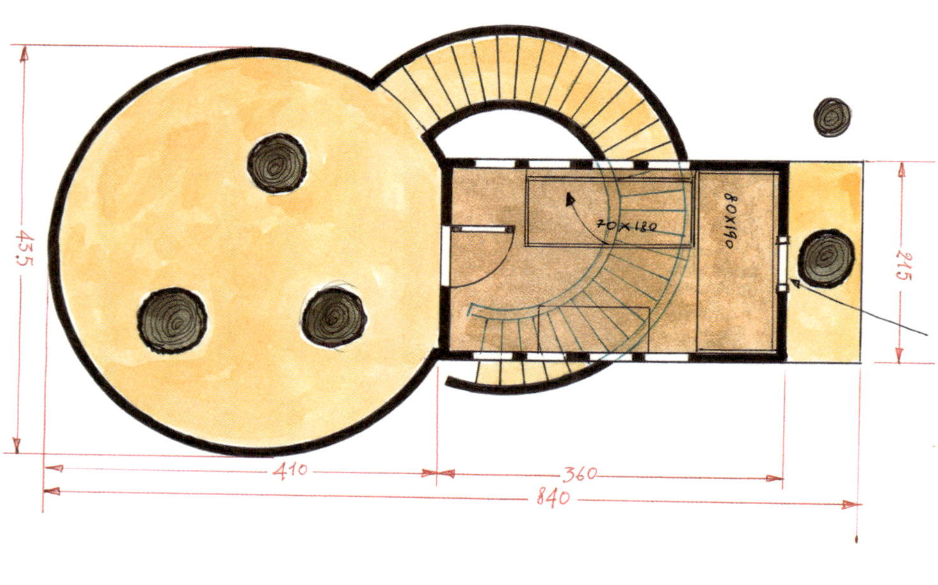

Die Ausgangslage war hier nichts weiter als eine Ansammlung von kleinen Eichen. Dennoch scheint das Baumhaus schwerelos zwischen ihnen zu schweben. Um einen optimalen Rundblick zu ermöglichen, haben wir uns für große Glasfenster aus Metall entschieden.

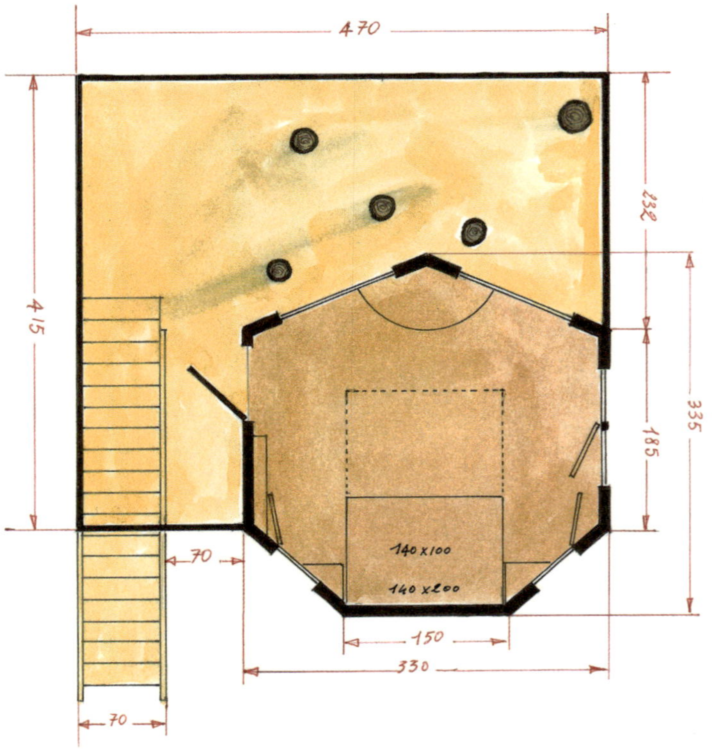

BAUMHAUS 24
Seite 150

Hier hatten wir es mit einem Ungeheuer zu tun, einem riesigen Mammutbaum. Wir mussten also die richtigen Proportionen für das Gebäude ermitteln und es mit überdimensionalen Trägern versehen. Das galt auch für die Metallteile des Kranzes, der die Verbindungsstücke trägt. Man beachte den Charme der runden Bank, die den Stamm umgibt. Da die ursprünglich geplante Treppe mit drei Läufen viel zu viel Platz beanspruchte, entschieden wir uns für eine Wendeltreppe.

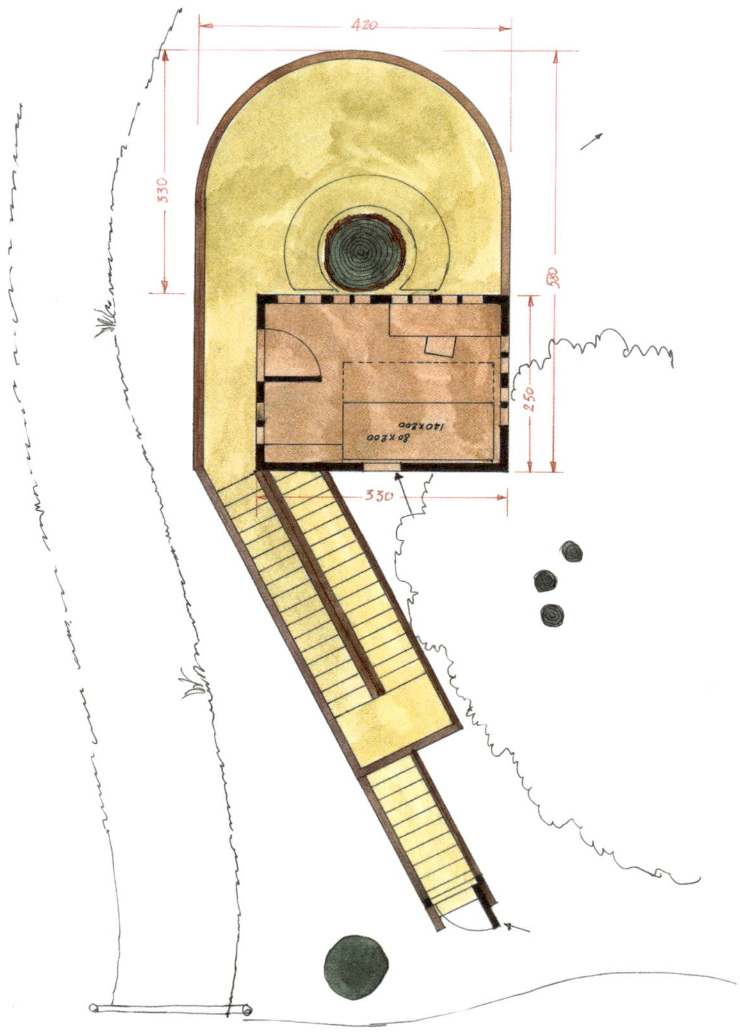

Die Treppe windet sich um einen benachbarten Baum und führt hinauf zu einer schmalen Brücke zwischen zwei Bäumen. Über diese Brücke gelangt man auf die runde Terrasse. Das Haus selbst wurde zwischen drei Bäume gebaut. Dieses Projekt ist ein schönes Beispiel dafür, wie man den Raum nutzt und einen Bau in die Bäume einfügt.

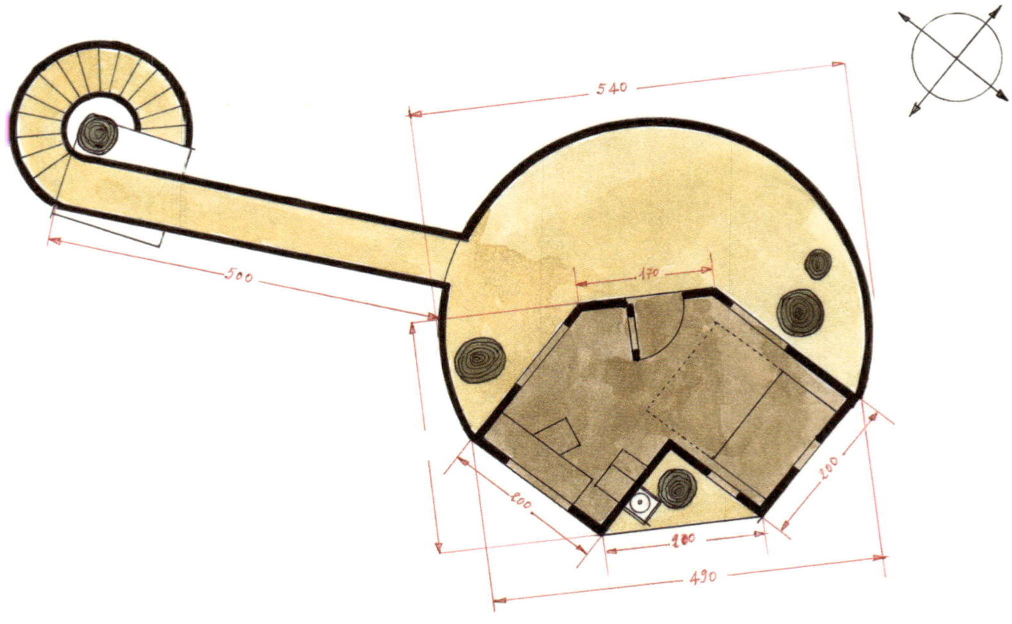

BAUMHAUS 26
Seite 164

Diese große Eiche war immer bewohnt. Einst beherbergte sie eine alte Hütte, die ansehnlich, aber morsch war. Wir haben sie entfernt und den Baum neu eingekleidet. Man beachte die Zahl der Äste, die wir in die Terrasse integrieren mussten.

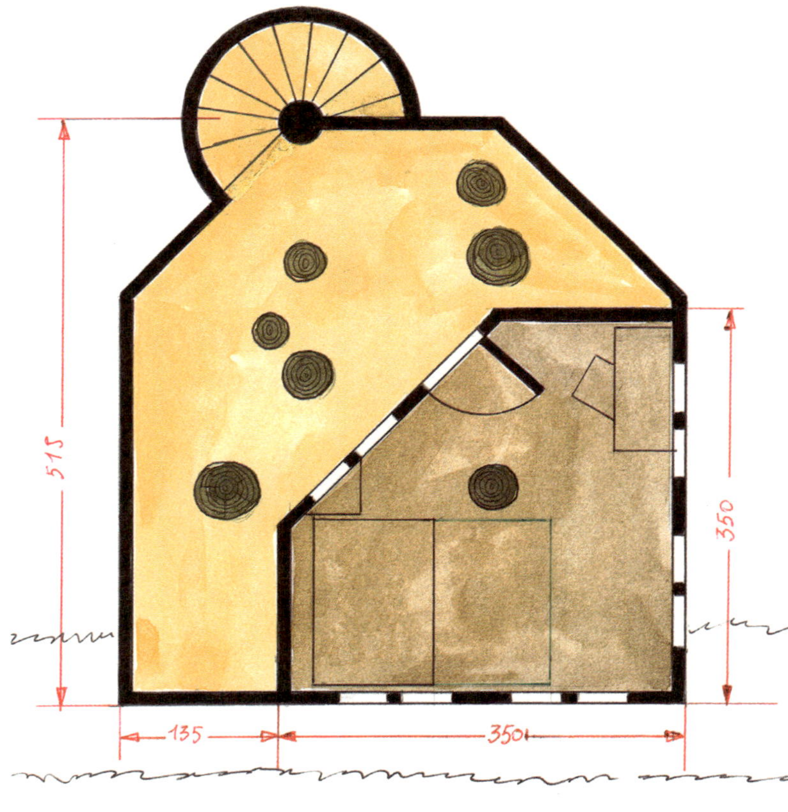

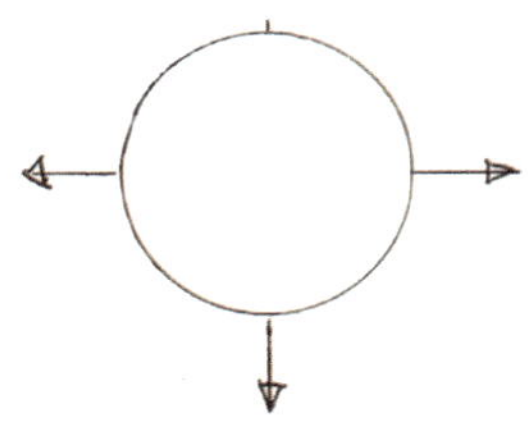

In dieser riesigen Buche ist das große Gäste-Baumhaus praktisch unsichtbar. Man erreicht es über eine sehr große Treppe mit zwei Fluchten und über eine schmale Brücke, die den Wehrgang des Parks überspannt. Das Bad wurde unterhalb der Hütte installiert, die Rohrleitungen sind auch hier unsichtbar.

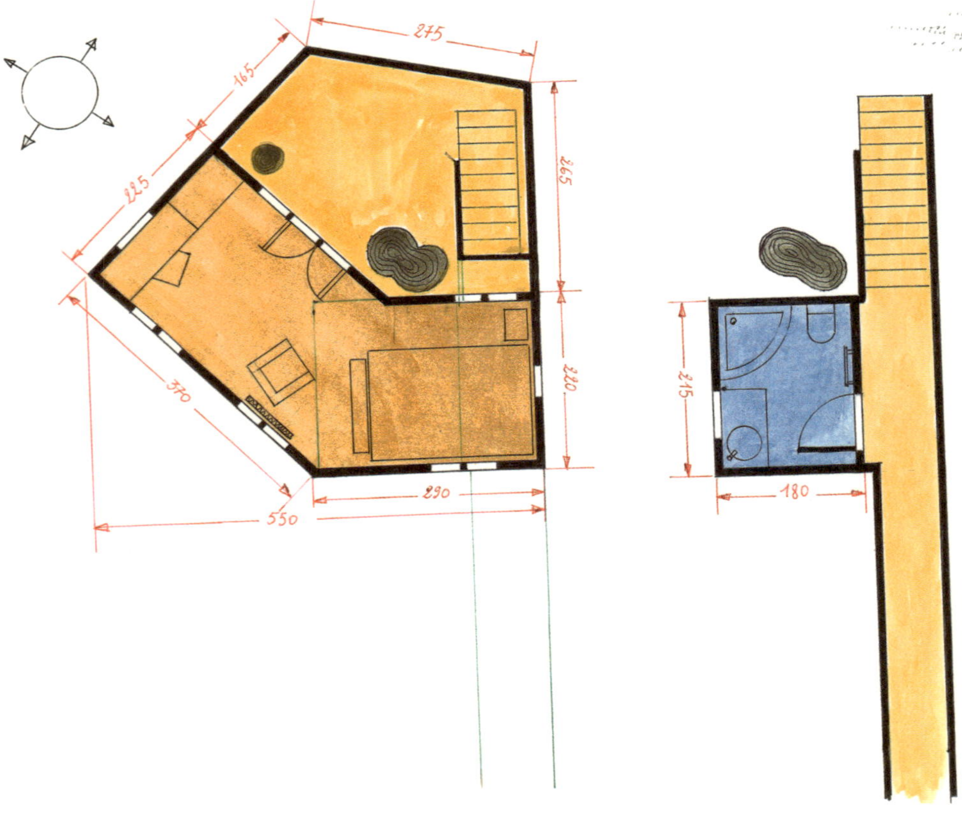

BAUMHAUS 28
Seite 178

Diese Wendeltreppe ist zweifellos die höchste, die wir je gebaut haben. Sie führt unmittelbar auf die Terrasse in 13 Metern Höhe. Das Baumhaus ist groß, geräumig und zum Meer hin offen.

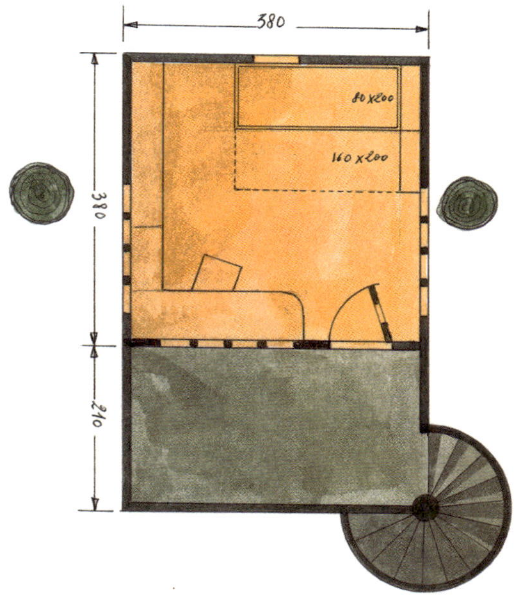

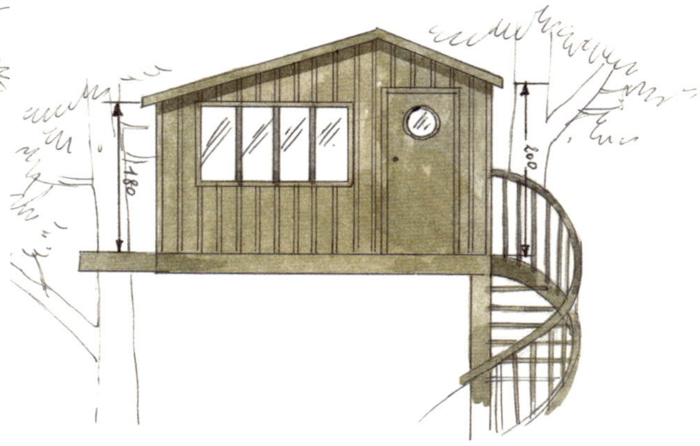

Unsere Hütte auf dem Wasser besteht aus rotem Zedernholz. Sie ist vollständig isoliert, und ihr Dach ist mit Holzschindeln bedeckt. Ihre Schwimmer hat einer der besten Experten dafür hergestellt. Der Wohnraum ist voll möbliert und mit einem Gasofen ausgestattet; die Baute verfügt über ein kleines Bad mit Trockentoilette und einen Trinkwassertank. Für Licht sorgen Öllampen, die wir wählten, weil sie in der Anwendung sicher sind.

HAUS 29
Seite 184

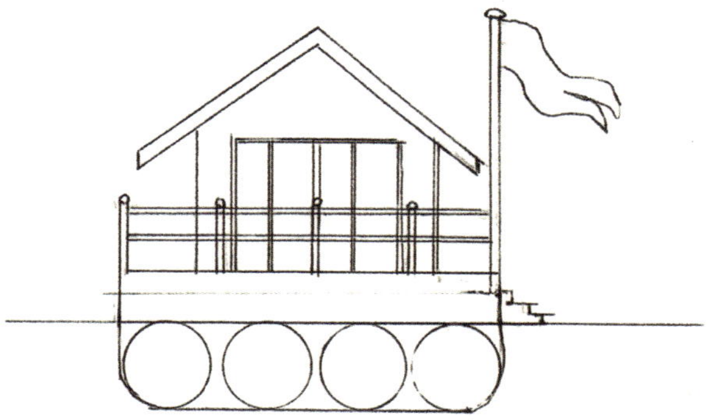

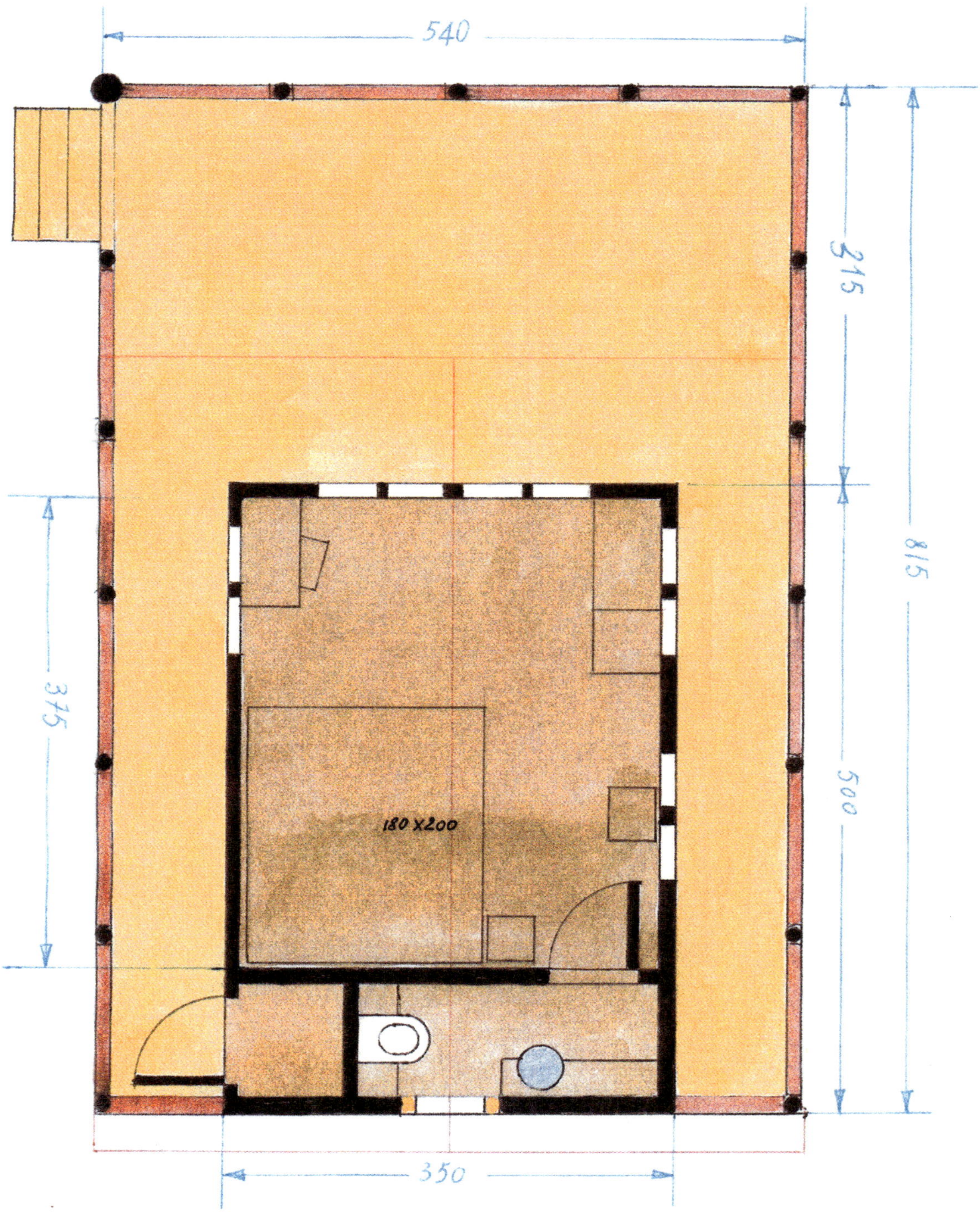
540
215
815
375
500
180 X 200
350